# Tous ensemble 3

Verbenlernheft

AF180348

Ernst Klett Verlag
Stuttgart Leipzig

1. Auflage 1 9 8 7 6 5 | 2029 28 27 26 25

Alle Drucke dieser Auflage können im Unterricht nebeneinander benutzt werden, sie sind untereinander unverändert. Die letzte Zahl bezeichnet das Jahr dieses Druckes.


Internetadresse: www.klett.de

**Autorin:** Alice Neurohr, Limoges
**Redaktion:** Heike Brichzin
**Mediengestaltung:** Birgit Gaab
**Umschlagfoto:** Ilka Kramer, Lausanne
**Zeichnungen:** François Davot, Troyes; Christian Dekelver, Weinstadt; Klett-Archiv; Katja Rau, Berglen; Bettina Reich, Zwenkau; Martina Vollhardt, Kamenz
**Satz:** Fotosatz Kaufmann, Stuttgart
**Druck:** AZ Druck und Datentechnik GmbH, Kempten/Allgäu

Printed in Germany
ISBN 978-3-12-623625-6

9 783126 236256

**Verben lernen mit dem Verbenlernheft**

Dieses Verbenlernheft im Taschenformat soll dir dabei helfen, die Verben von *Tous ensemble 3* zu wiederholen.
So verschwendest du keine Zeit. Du kannst damit in Pausen oder in Bus und Bahn üben oder Verbformen nachschlagen, die dir gerade nicht mehr einfallen.

Du kannst in diesem Heft die Verben einer Lektion wiederholen, bestimmte Verbformen nachschlagen, Unsicherheiten zerstreuen oder dich ganz einfach „stärken“, indem du zu den nicht immer einfachen Verben ein paar schriftliche Übungen machst. Das gibt dir Sicherheit, denn zu allen Übungen findest du am Ende des Heftes die Lösungen zum Vergleich oder zum „Spicken“, wenn dir eine Form gerade nicht einfällt.

Am Anfang jeder *Leçon* findest du eine Liste aller neuen Verben mit ihrer Übersetzung und einen Lerntipp.
Die vielfältigen, mitunter auch spielerischen Übungen konzentrieren sich stets auf die Verben der jeweiligen *Leçon*.

Im Anschluss kannst du eine Verbform in den Verbtabellen oder direkt in der alphabetischen Verbenliste nachschlagen.

Nun aber viel Spaß und viel Erfolg!
Dein *Tous ensemble*-Team

# 1 Leçon

**Tipp:**
Teile die Vokabeln in Gruppen (5–10 Vokabeln/Verben) auf und lerne immer blockweise! So ist der Lernstoff überschaubar und lässt sich besser einprägen.

## Au-delà des frontières

| | |
|---|---|
| **parler** [paʀle] | sprechen |
| **C'était comment tes vacances?** | Wie waren deine Ferien? |
| **Le lac Léman se trouve en Suisse.** | Der Genfer See ist/liegt in der Schweiz. |

## 1 Entre potes

| | |
|---|---|
| **faire la fête** [fɛʀlafɛt] | feiern |
| **discuter** [diskyte] | sich unterhalten, diskutieren |
| **Les amis sont plus proches que les copains.** | Die guten Freunde stehen einem näher als die anderen. |
| **Qu'est-ce que vous en pensez?** | Was denkt ihr darüber?; Was ist eure Meinung dazu? |
| **Regarde comme …** | Schau mal, wie … |
| **Il se dispute avec les autres.** | Er streitet sich mit den anderen. |
| **Tu peux me faire confiance.** | Du kannst mir vertrauen. |
| **Elle leur a fait une mauvaise surprise.** | Sie hat ihnen eine böse Überraschung bereitet. |
| **Elle leur a donné une interro.** | Sie hat sie eine Klassenarbeit schreiben lassen. |
| **C'était hyper difficile.** | Das war super schwer. |
| **avoir de la chance (de)** [avwaʀdəlaʃɑ̃s] | Glück haben (zu) |
| **Ça a marché?** [saamaʀʃe] | Hat's geklappt? *(ugs.)* |
| **trouver que** [tʀuvekə] | finden, dass |
| **Je n'ai rien remarqué.** | Ich habe nichts bemerkt. |
| **remarquer** [ʀəmaʀke] | bemerken |
| **Il a changé.** [ilaʃɑ̃ʒe] | Er hat sich verändert. |
| **changer** [ʃɑ̃ʒe] | ändern; (sich) verändern |
| **Il faut lui demander.** | Wir müssen ihn fragen. |
| **Arrête!** [aʀɛt] | Jetzt hör aber auf! |
| **Laisse-moi!** [lɛsmwa] | Lass mich (in Ruhe)! |

| | |
|---|---|
| **Qu'est-ce qui ne va pas?** | Was ist los (mit dir)? |
| **Tu ne rigoles plus comme avant.** | Du bist nicht mehr so lustig wie früher. |
| **Tu es fâché contre nous?** | Bist du sauer auf uns? |
| **recevoir** [ʀəsəvwaʀ] | bekommen, erhalten |
| **effacer** [efase] | löschen |
| **Il faut les garder.** | Du musst sie aufbewahren/aufheben. |
| **garder** [gaʀde] | behalten, aufbewahren |
| **On en parle à ...?** | Sprechen wir mit ... darüber? |
| **parler** [paʀle] | sprechen |
| **C'est grave.** [sɛgʀav] | Das ist schlimm. |
| **Il faut réagir.** [ilfoʀeaʒiʀ] | Wir müssen reagieren. |
| **être en colère** [ɛtʀɑ̃kɔlɛʀ] | wütend sein |
| **ignorer** [iɲɔʀe] | ignorieren, unbeachtet lassen |
| **C'est dingue!** *(fam.)* [sɛdɛ̃g] | Das ist unglaublich/verrückt. *(ugs.)* |
| **Il faut trouver qui c'est.** | Wir müssen herausfinden, wer das ist. |
| **Il faut le dire à ...** | Wir müssen es ... sagen. |
| **dire** [diʀ] | sagen |
| **changer de numéro** [ʃɑ̃ʒedənymeʀo] | die Telefonnummer ändern |
| **C'est du harcèlement.** [sɛdyaʀsɛlmɑ̃] | Das ist Mobbing. |
| **Qu'est-ce que vous avez contre lui?** | Was habt ihr gegen ihn? |
| **comprendre** [kɔ̃pʀɑ̃dʀ] | verstehen |
| **On lui envoie un texto.** | Wir schicken ihm eine SMS. |
| **envoyer qc à qn** [ɑ̃vwaje] | jdm. etw. schicken |
| **Ça ne te regarde pas.** | Das geht dich nichts an. |
| **Je commence à comprendre.** | Ich verstehe langsam.; Ich fange an zu verstehen. |
| **Excuse-moi./Excusez-moi.** [ɛkskyzmwa/ɛkskyzemwa] | Entschuldigung. |
| **Tu as mal compris.** [tyamalkɔ̃pʀi] | Du hast das falsch verstanden./So war das nicht gemeint. |
| **Je n'ai pas fait exprès.** | Das war keine Absicht. |
| **Qu'est-ce que ça veut dire?** [kɛskəsavødiʀ] | Was heißt/bedeutet das? |

# 1 Leçon

## 1 Fülle die Lücken mit der richtigen Form des Verbs.

Avec les amis, on ________________________ *(feiern)*.

On ____________________ *(diskutieren)* ensemble et on

________________________ *(sich vertrauen können)*. Parfois, on

________________________ *(sich streiten)* … Mais on

_______________ *(Spaß haben)* toujours! Et vous, les amis,

______________________________ *(was denkt ihr darüber)*?

## 2 Was gehört zusammen? Verbinde die Wörter.

| | |
|---|---|
| effacer | recevoir |
| ignorer | réagir |
| envoyer | discuter |
| parler | garder |

## 3 Was sagst du? Kreuze die richtigen Antworten an.

a) Du hast nicht bemerkt, dass dein Freund sich verändert hat.
- ☐ Je n'ai rien remarqué. ☐ Il faut lui demander.

b) Dein Freund bekommt anonyme Beleidigungen …
- ☐ Il faut trouver qui c'est! ☐ Aucune idée.

c) Zwei Jungen machen sich über einen Freund lustig.
- ☐ Ah bon? ☐ Qu'est-ce que vous avez contre lui?

d) Du fängst an, eine Situation zu verstehen.
- ☐ C'est du harcèlement. ☐ Je commence à comprendre.

e) Du sagst deinem Freund, dass er dir vertrauen kann.
- ☐ Tu as mal compris. ☐ Tu peux me faire confiance.

## 4 Bringe die Satzteile in die richtige Reihenfolge.

a) cousine. / sa / Elsa / une / envoie / carte / à / postale

______________________________________________

b) sont / Jean. / contre / Elles / colère / en

______________________________________________

c) elle / Mme Leclerc / la / un / a /chance:/ de / voyage! / gagné / a

______________________________________________

d) se / le / Léman? / Où / trouve / lac

______________________________________________

## 5 Forme folgende Sätze in verneinte Sätze um (mit der Verneinung in Klammern).

1) Ça te regarde. *(nicht)*

______________________________________________

2) J'ai effacé les sms anonymes. *(nicht)*

______________________________________________

3) J'ai fait mes devoirs. *(noch nicht)*

______________________________________________

4) Je peux ignorer les insultes. *(nicht mehr)*

______________________________________________

5) Il est là. *(noch nicht)*

______________________________________________

6) Tu comprends. *(nichts)*

______________________________________________

7) Je veux aller au cinéma. *(nicht mehr)*

______________________________________________

**Tipp:**
Baue Eselsbrücken! Manche Wörter kannst du dir z. B. aus dem Englischen erschließen (z. B. protéger – to protect).

## 2 Prêts pour les Pyrénées?

| | |
|---|---|
| **protéger** [pʀɔteʒe] | schützen |
| **j'aimerais (faire qc)** [ʒɛmʀɛ] | ich würde gern (etw. tun) |
| **découvrir** [dekuvʀiʀ] | entdecken |
| **Je préfère aller à …** [ʒəpʀefɛʀalea] | Ich gehe lieber zu/nach/in … |
| **pousser** [puse] | schieben |
| **essayer de faire qc** [eseje] | versuchen, etw. zu tun |
| **démarrer** [demaʀe] | starten (Auto/Motorrad) |
| **freiner** [fʀene] | bremsen |
| **toucher** [tuʃe] | berühren |
| **sauter** [sote] | springen |
| **accélérer** [akseleʀe] | beschleunigen |
| **enlever** [ɑ̃l(ə)ve] | ausziehen; abnehmen |
| **rouler** [ʀule] | fahren |
| **Tu as vu les motos?** | Hast du die Motorräder gesehen? |
| **terminer** [tɛʀmine] | beenden |
| **être fasciné(e)** [ɛtʀfasine] | fasziniert sein; fesseln |
| **C'est à vous.** [sɛtavu] | Ihr seid dran. |
| **aller chercher** [aleʃɛʀʃe] | holen |
| **monter sur** [mɔ̃tesyʀ] | steigen auf |
| **arriver à (faire)** [aʀive] | es schaffen, zu (tun) |
| **Ça commence bien!** [sakɔmɑ̃sbjɛ̃] | Das fängt ja gut an! |
| **il/elle voit** | er/sie sieht |
| **Que faire?** | Was tun? |
| **faire une chute** [fɛʀynʃyt] | stürzen |
| **Tout s'est bien passé.** | Alles ist gut gegangen. |
| **devoir (faire)** [dəvwaʀ] | (tun) müssen |
| **perdre** [pɛʀdʀ] | verlieren |
| **lâcher** [laʃe] | loslassen |

| | |
|---|---|
| **il lui demande** [ilɥidəmɑ̃d] | er fragt ihn/sie |
| **Qu'est-ce qui s'est passé?** [kɛskisɛpase] | Was ist passiert? |
| **faire attention** [fɛʀatɑ̃sjɔ̃] | aufpassen, Acht geben |
| **marcher** [maʀʃe] | gehen; laufen |
| **avoir mal (à/au)** [avwaʀmal] | Schmerzen haben (in/an) |
| **Elle s'occupe d'Antoine.** | Sie kümmert sich um Antoine. |
| **passer une radio** [paseynʀadjo] | sich röntgen lassen |
| **C'est trop bête comme accident.** | So ein blöder Unfall. |
| **manquer** [mɑ̃ke] | verpassen, versäumen |
| **Qu'est-ce qu'il te faut?** | Was brauchst du? |
| **signer** [siɲe] | unterschreiben |
| **pour voir la compétition** [puʀvwaʀ] | um den Wettbewerb anzuschauen |
| **Comment ça va?** [kɔmɑ̃sava] | Wie geht's? |
| **Comment ça s'est passé?** [kɔmɑ̃sasɛpase] | Wie ist das passiert? |
| **Je sais.** [ʒəsɛ] | Ich weiß (es). |
| **prendre un rendez-vous** | einen Termin vereinbaren |
| **Je n'ai pas de casque.** | Ich habe keinen Helm. |
| **Qu'est-ce qui ne va pas?** | hier: Was kann ich für Sie/dich tun? |

## 1 Fülle nun die Lücken mit Verben in der passenden Form.

pousser – aller chercher – monter – démarrer – freiner – terminer - faire – toucher

a) La pilote ____________________ première à l'arrivée.

b) Il ____________________ son casque.

c) Ils ____________________ leur moto puis

____________________ sur leur moto.

d) ____________________ attention! Il faut ____________________

quand tu vas trop vite.

⇨

e) Les jeunes ______________________ sans problème.

f) Elle ______________________ le sol avec le pied droit.

**2 Setze die folgenden Sätze ins *passé composé*.**

a) Je termine le parcours de moto.

______________________________________________

b) Ils racontent leurs aventures.

______________________________________________

c) Tu essaies de pousser ta moto.

______________________________________________

d) Il a mal au pied.

______________________________________________

e) Elles signent même le poster!

______________________________________________

**3 Was passt zu dem Thema *l'hôpital*? Was passt zu dem Thema *la moto*?**

| | l'hôpital | la moto |
|---|---|---|
| démarrer | ☐ | ☐ |
| passer une radio | ☐ | ☐ |
| rouler | ☐ | ☐ |
| s'occuper de | ☐ | ☐ |
| avoir mal à | ☐ | ☐ |
| sauter | ☐ | ☐ |
| prendre un rendez-vous | ☐ | ☐ |
| accélérer | ☐ | ☐ |

**4** **Finde im Gitternetz die Verbformen von *essayer* im Présent.**

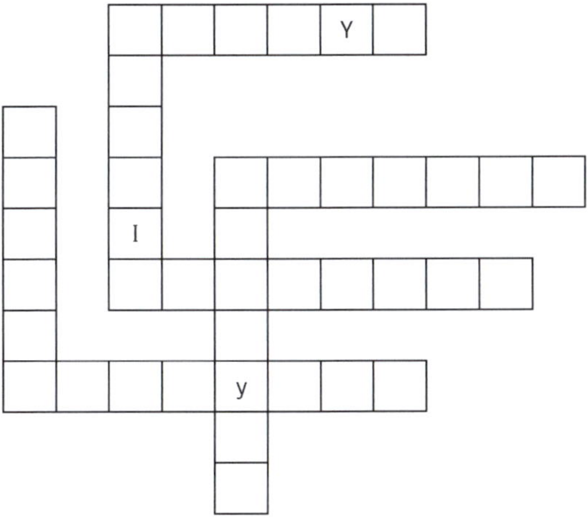


a) j'____________________

b) tu ____________________

c) il/elle ____________________

d) nous ____________________

e) vous ____________________

f) ils/elles ____________________

g) participe passé: __________________________

**5 Finde im Gitternetz die folgenden Verben.**

| | | | | | | | |
|---|---|---|---|---|---|---|---|
| L | A | L | R | Y | C | P | P |
| M | M | A | R | C | H | E | R |
| A | E | C | D | V | S | R | O |
| N | I | H | O | R | T | D | T |
| Q | D | E | V | O | I | R | E |
| U | C | R | I | L | A | E | G |
| E | N | L | E | V | E | R | E |
| R | N | S | A | V | O | I | R |

a) schützen: ____________________

b) ausziehen; abnehmen: ______________

c) müssen: ____________________

d) verlieren: ____________________

e) loslassen: ____________________

f) gehen; laufen: ____________________

g) verpassen; versäumen: ______________

h) wissen: ____________________

**Tipp:**
Lege beim Lernen auch immer wieder kurze Pausen ein (5–10 Minuten). Danach kannst du dich wieder besser konzentrieren und dir die Vokabeln besser merken.

## 3 Les échanges, ça change!

| | |
|---|---|
| **être jumelé(e) avec** [ɛtʀʒymleavɛk] | eine Städtepartnerschaft haben mit |
| **j'aimerais voir** [ʒɛmʀɛvwaʀ] | ich würde gern sehen |
| **partir** [paʀtiʀ] | weggehen; abfahren; starten |
| **faire sa valise** [fɛʀsavaliz] | seinen Koffer packen |
| **participer à qc** [paʀtisipe] | an etw. teilnehmen |
| **avoir le droit de faire qc** [avwaʀlədʀwa] | das Recht haben, etw. zu tun |
| **il est né/elle est née** [ilɛne/ɛlɛne] | er/sie ist geboren |
| **On s'entend bien.** [õsãtãbjɛ̃] | Wir verstehen uns gut. |
| **être fan de** [ɛtʀfandə] | Fan sein von |
| **sortir (de)** [sɔʀtiʀ] | ausgehen; hinausgehen (aus); hinausfahren (aus) |
| **venir chercher** [vəniʀʃɛʀʃe] | abholen (kommen) |
| **On se débrouille avec des gestes.** | Wir verständigen uns mit Gesten. |
| **faire la bise** [fɛʀlabiz] | mit Wangenkuss begrüßen/verabschieden (*ugs.*) |
| **passer (une journée)** [pase] | (einen Tag) verbringen |
| **On est allés voir …** | Wir haben uns … angeschaut. |
| **voir** [vwaʀ] | sehen |
| **C'est passé trop vite.** [sɛpasetʀovit] | Es ist viel zu schnell vergangen. |
| **C'est magnifique.** [sɛmaɲifik] | Das ist wunderschön./Das ist sehr schön. |
| **Maintenant, j'ose parler.** | Jetzt traue ich mich zu sprechen. |
| **oser** [oze] | sich trauen, wagen |
| **Je me débrouille.** [ʒəmədebʀuij] | Ich komme zurecht. |

| | |
|---|---|
| **apprendre** [apʀɑ̃dʀ] | lernen |
| **Peut-être que je vais revenir.** | Vielleicht komme ich wieder. |
| **revenir** [ʀəvəniʀ] | zurückkommen |
| **dormir** [dɔʀmiʀ] | schlafen |
| **j'ai confondu** [ʒekɔ̃fɔ̃dy] | ich habe verwechselt |
| **tu sais** [tysɛ] | du weißt |
| **C'est fini.** [sɛfini] | Es ist aus. |
| **prendre le petit-déjeuner** | frühstücken |
| **Tu en veux encore?** | Möchtest du noch etwas (davon)? |
| **passer qc à qn** [pase] | jdm. etw. reichen, jdm. etw. (weiter) geben |

## 1 Welche Verben in der Infinitivform verstecken sich hinter den Buchstabensalaten?

rmordi ______________________ (schlafen)

viro ______________________ (sehen)

trapicprie à ______________________ (an etw. teilnehmen)

sore ______________________ (sich trauen)

preparned ______________________ (lernen)

vinerre ______________________ (zurückkommen)

## 2 Was gehört zusammen? Verbinde die Wörter.

| | |
|---|---|
| faire la bise | das Recht haben, etw. zu tun |
| passer qc à qn | Fan sein von |
| faire sa valise | jdm. etw. reichen |
| prendre le petit-déjeuner | mit Wangenkuss begrüßen |
| être fan de | seinen Koffer packen |
| avoir le droit de faire qc. | frühstücken |

**3 Einen Wunsch äußern. Vervollständige die Sätze mit Hilfe der Bilder.**

a)  Ce soir, j'aimerais dormir ____________ tôt.

b)  A Paris, j'____________________ la tour Eiffel.

c)  J'____________________ en vacances à la mer.

d) 

J'____________________ plus souvent en français.

**4 Konjugiere die Verben im Présent. Fülle die Tabelle aus.**

| | sortir | dormir | partir |
|---|---|---|---|
| je | | | |
| tu | sors | | |
| il/elle/on | | | |
| nous | | | partons |
| vous | | | |
| ils/elles | | dorment | |
| participe passé | sorti | | |

**5** ***Sortir*** **oder** ***partir*****? Setze die Verben in die passende Form.**

a) Quand est-ce qu'elle ________________ en vacances cette année?

b) Chloé et Martin ________________ ensemble! Ils sont amoureux.

c) Nous ____________ souvent le dimanche pour faire des balades.

d) Ils ______________________ en échange scolaire. Quelle chance!

e) Tu ______________________ le sucre s'il te plaît?

f) A quelle heure est-ce que vous ________________ en Allemagne?

**6** ***Être*** **oder** ***avoir*****? Fülle nun die Lücken mit der passenden Form von** ***être*** **oder von** ***avoir*****.**

*Lisa:* Ce week-end, je ne _________________ pas beaucoup restée à la maison. Avec mes copines, nous _________________ allées au cinéma samedi après-midi. On ___________ vu un film très bien. Et dimanche, mon cousin _________________ venu à la maison. On _________________ allés à la piscine. C'était super! Et toi, qu'est-ce que tu _________________ fait ce week-end?

**7** ***Être*** **oder** ***avoir*****? Fülle die Tabelle aus.**

| | participe passé | avoir | être |
|---|---|---|---|
| dormir | dormi | x | |
| oser | | | |
| sortir | | | |
| venir | | | |
| voir | | | |
| passer | | | |
| apprendre | | | |
| revenir | | | |

**8 Vervollständige die Verbformen. Schreibe** X, **wenn es keine Endung gibt.**

a) Les filles sont allé______ au cinéma et Thomas est resté ______ à la maison.

b) Mes copains sont malades et ils ont dormi ______ toute la journée.

c) Ma copine est né ______ en Allemagne et elle est venu ______ en France à l'âge de 10 ans.

d) Pendant l'échange, elles ont vu ______ beaucoup de choses et elles ont enfin osé ______ parler français.

**Tipp:**
Lass dich nicht ablenken! Lege alle notwendigen Arbeitsmaterialien (Bücher, Schreibzeug, etc.) bereit und räume alles, was dich ablenken könnte, beiseite. Schalte dein Handy aus.

## 4 Quel boulot!

| | |
|---|---|
| **Je me renseigne.** [ʒəməʀɑ̃sɛɲ] | Ich erkundige mich. |
| **déménager** [demenaʒe] | umziehen |
| **ouvrir** [uvʀiʀ] | öffnen; eröffnen |
| **servir** [sɛʀviʀ] | servieren |
| **stresser** [stʀese] | nerven |
| **Elle n'a personne pour le remplacer.** | Sie hat keinen Ersatz für ihn. |
| **remplacer** [ʀɑ̃plase] | ersetzen |
| **il/elle accueille** [il/ɛlakœj] | er/sie empfängt; *hier:* er/sie begrüßt |
| **réserver** [ʀesɛʀve] | reservieren |
| **choisir** [ʃwaziʀ] | wählen, aussuchen |
| **La table est réservée.** [latablɛʀezɛʀve] | Der Tisch ist reserviert. |
| **on voudrait** [õvudʀɛ] | wir möchten |
| **ajouter** [aʒute] | hinzufügen |
| **Vous avez choisi, messieurs dames?** | Haben die Herrschaften gewählt? |
| **C'est noté.** [sɛnɔte] | Ich hab's notiert. |
| **Ils commencent à s'énerver.** | Sie fangen an, sich aufzuregen. |
| **refroidir** [ʀəfʀwadiʀ] | abkühlen, kalt werden |
| **Ils/Elles ont bientôt fini.** [il/ɛlzõbjɛ̃tofini] | Sie sind bald fertig. |
| **finir** [finiʀ] | beenden, aufhören mit |
| **offrir** [ɔfʀiʀ] | einladen zu; schenken |
| **passer** [pase] | durchgehen |
| **Elle s'excuse.** [ɛlsɛkskyz] | Sie entschuldigt sich. |
| **Ça a été?** [saaete] | War alles in Ordnung? |

| | |
|---|---|
| **Il/Elle se débrouille bien.** [il/ɛlsədebʀujbjɛ̃] | Er/Sie schlägt sich gut. |
| **Ça va lui faire plaisir.** | Das wird sie/ihn freuen. |
| **débarrasser (la table)** [debaʀase] | (den Tisch) abräumen |
| **Il/Elle a mal partout.** [il/ɛlamalpaʀtu] | Ihm/Ihr tut alles weh. |
| **goûter** [gute] | probieren, kosten |
| **placer** [plase] | hinstellen, platzieren |
| **régler** [ʀegle] | regeln, klären |
| **être allergique (à)** [ɛtʀalɛʀʒik] | allergisch sein (gegen) |
| **prendre une décision** [pʀɑ̃dʀyndesizjɔ̃] | eine Entscheidung treffen |
| **lire** [liʀ] | lesen |
| **J'ai besoin de quelqu'un tous les jours.** | Ich brauche jemanden für jeden Tag. |
| **avoir besoin de** [avwaʀbəswɛ̃də] | brauchen |
| **Quelle est la rémunération?** [kɛlɛlaʀemyneʀasjõ] | Wie ist die Bezahlung? |
| **passer** [pase] | vorbeikommen |
| **Il/Elle veut savoir si ...** [il/ɛlvøsavwaʀsi] | Er/Sie möchte wissen, ob ... |
| **la personne qui est appelée** | die Person, die angerufen wird |
| **C'est moi-même.** [sɛmwamɛm] | Ich bin es selbst. |
| **Je vous remercie.** [ʒəvuʀəmɛʀsi] | Ich danke Ihnen. |
| **Je vous appelle au sujet de ...** | Ich rufe Sie an wegen ... |
| **Ça vous va?** [savuva] | Passt es Ihnen? |
| **écrire** [ekʀiʀ] | schreiben |

**1 Welchen Infinitiv haben diese Verben? Übersetze sie danach.**

a) Ma mère a ouvert un restaurant à Avignon.

→ ______________________ / ______________________

b) J'ai remplacé le serveur malade.

→ ______________________ / ______________________

c) Le client a réglé l'addition.

→ ______________________ / ______________________

d) J'ai pris une décision: je choisis la salade de tomate.

→ ______________________ / ______________________

**2 Im Restaurant. In welcher Reihenfolge führt man diese Handlungen aus? Nummeriere sie von 1 bis 5.**

a) Le client

- ☐ lire le menu
- ☐ régler l'addition
- ☐ commander un plat
- ☐ réserver une table
- ☐ goûter son steak

b) Le serveur

- ☐ écrire la commande
- ☐ débarrasser les tables
- ☐ placer les clients
- ☐ ouvrir le restaurant
- ☐ servir les plats

**3** **Finde im Gitternetz die Verbformen von *choisir*.**

a) je ________________

b) tu ________________

c) il ________________

d) nous ______________

e) vous ______________

f) ils ________________

g) participe passé: ________________

**4 Fülle nun die Lücken mit der richtigen Endung.**

a) Nous ouvr ________ la porte à nos amis. *(ouvrir)*

b) Vos plats refroid ________, mangez-les vite! *(refroidir)*

c) Les serveurs serv ________ les clients. *(servir)*

d) Vous fini ________ les cours à quelle heure? *(finir)*

e) Nous offr ________ un beau cadeau à Malika pour son anniversaire. *(offrir)*

f) Vous ven ________ de quelle ville? *(venir)*

**5 Ordne die Verben aus Übung 4: Ist ihre Konjugation wie *choisir* oder wie *sortir*?**

| | choisir | sortir |
|---|---|---|
| ouvrir | ☐ | ☐ |
| refroidir | ☐ | ☐ |
| servir | ☐ | ☐ |
| finir | ☐ | ☐ |
| offrir | ☐ | ☐ |
| venir | ☐ | ☐ |

**6 *Lire* oder *écrire*? Setze die richtigen Formen von *lire* und *écrire* ein.**

écrivent – lis – écrit – lis – lisons – lisent – écrivez

a) Qu'est-ce que tu ____________________ en ce moment?

b) Nous ____________________ le menu.

c) La serveuse ____________________ la commande des clients.

d) Je ____________________ une annonce sur Internet.

⇨

e) Vous ______________________ un e-mail à vos parents.

f) Elles ______________________ des magazines.

g) Ils ______________________ une annonce parce qu'ils

cherchent un serveur.

**7 Lies die Definitionen und trage die Wörter in die Kästchen ein.**

| | | | | | | | | | |
|---|---|---|---|---|---|---|---|---|---|
| a) | | | | | 9 | 5 | | | |
| b) | | | | | | 1 | | | |
| c) | 3 | | | | | | | | |
| d) | | | | 6 | 4 | | | | |
| e) | | 2 | | | | 8 | | | |
| f) | | | | | 7 | | | | |
| g) | | | | 10 | | | | | |

a) umziehen
b) regeln; klären
c) nerven
d) hinzufügen
e) ersetzen
f) reservieren
g) probieren; kosten

Lösungswort:

| 1 | 2 | 3 | 4 | 5 | 6 | 7 | 8 | 9 | 10 |
|---|---|---|---|---|---|---|---|---|---|
| | | | | | | | | | |

**Tipp:**
Lerne nebenbei! Lies Texte (Bücher, Zeitschriften, etc.), schaue Filme, höre Musik in der Fremdsprache und dein Sprachgefühl wird sich automatisch verbessern.

## 5 Rungis: la vie à l'envers

| | |
|---|---|
| **décharger** [deʃaʀʒe] | entladen |
| **transporter** [tʀɑ̃spɔʀte] | transportieren |
| **Ils s'occupent des commandes Internet.** | Sie kümmern sich um die Internetbestellungen. |
| **négocier** [negɔsje] | verhandeln |
| **charger** [ʃaʀʒe] | einladen; beladen |
| **Il faut des preuves.** [ilfodepʀœv] | Man braucht Beweise./ Beweise sind nötig. |
| **il manque qc** [ilmɑ̃k] | es fehlt etw. |
| **piquer** *(fam.)* [pike] | klauen *(ugs.)* |
| **C'est la règle.** [sɛlarɛgl] | Das ist Vorschrift. |
| **respecter** [ʀɛspɛkte] | respektieren; beachten |
| **avoir confiance en** [avwaʀkɔ̃fjɑ̃s] | Vertrauen haben in |
| **vérifier** [veʀifje] | überprüfen, kontrollieren |
| **soupçonner** [supsɔne] | verdächtigen |
| **Elle vient de s'acheter une voiture.** | Sie hat sich gerade ein Auto gekauft. |
| **Elle va bientôt se marier.** | Sie wird bald heiraten. |
| **faire son choix** [fɛʀsɔ̃ʃwa] | seine Wahl treffen |
| **remplir** [ʀɑ̃pliʀ] | füllen; ausfüllen |
| **faire les courses** *f. Pl.* [fɛʀlekuʀs] | einkaufen |
| **faire visiter Rungis à des groupes** | Gruppen durch Rungis führen |
| **C'est délicieux!** [sɛdelisjø] | Das ist köstlich! |
| **Ça coûte combien?** [sakutkɔ̃bjɛ̃] | Wie viel kostet das? |
| **Quelles personnes sont passées chez toi?** | Welche Personen sind bei dir vorbeigekommen? |

| | |
|---|---|
| **Il y avait beaucoup de monde.** [ilijavɛbokud(ə)mɔ̃d] | Es waren viele Leute da. |
| **faire une affaire/des affaires** | ein Schnäppchen machen, günstig einkaufen |
| **entendre** [ɑ̃tɑ̃dʀ] | hören |
| **Il y a trop de bruit ici.** [ilijatʀodəbʀɥiisi] | Hier ist es zu laut. |
| **Je t'entends mal.** [ʒətɑ̃tɑ̃mal] | Ich höre dich schlecht. |
| **L'histoire se passe à ...** | Die Geschichte spielt in ... |

## 1 Was gehört zusammen? Verbinde die Wörter.

| | |
|---|---|
| décharger | un vol |
| avoir confiance en | négocier |
| piquer | charger |
| un camion | soupçonner |
| faire une affaire | transporter |

## 2 Bringe die Satzteile in die richtige Reihenfolge.

a) manque / ne / de/ stocks. / cartons / jamais /les / dans / Il

________________________________________

b) commandes / Les / Internet. / employés / s'occupent / des

________________________________________

c) matin. / le / déchargé / Il / a / camion / ce

________________________________________

d) de / Nous / marier. / nous / venons

________________________________________

e) en / a / Le / confiance / patron / ses / employés.

________________________________________

⇨

f) la/ dans / pavillon / le / la / voleurs / piqué / Les / ont / de / marchandise / volaille.

______________________________________________

g) bientôt / les / Il / courses. / va / faire

______________________________________________

**3 Konjugiere die Verben im Présent. Fülle die Tabelle aus.**

| | entendre | remplir |
|---|---|---|
| je/j' | | |
| tu | | |
| il/elle | | |
| nous | | |
| vous | | |
| ils/elles | | |
| participe passé | | |

**4 Finde folgende Verbformen im Gitternetz.**

| | | | | | | | | | | |
|---|---|---|---|---|---|---|---|---|---|---|
| S | C | M | E | N | T | E | N | D | R | E |
| P | A | R | E | S | P | E | C | T | E | R |
| N | E | G | O | C | I | E | R | A | M | V |
| V | D | L | I | O | Q | R | I | M | P | L |
| N | D | E | U | T | U | O | S | I | L | E |
| C | H | A | R | G | E | R | R | T | I | I |
| D | E | C | H | A | R | G | E | R | R | N |

⇨

a) verhandeln: ______________

b) einladen; beladen:

______________

c) klauen: ______________

d) hören: ______________

e) füllen; ausfüllen:

______________

f) entladen: ______________

g) respektieren; beachten:

______________

**5 Setze folgende Sätze ins *futur composé*.**

a) Il y avait beaucoup de monde.

______________________________________________

b) Je t'entends mal, il y a beaucoup de bruit.

______________________________________________

c) Dimanche, elle fait visiter Rungis à des groupes.

______________________________________________

d) Le pavillon de la volaille ouvre très tôt le matin.

______________________________________________

**6 Setze folgende Sätze ins *passé composé*.**

a) Vous remplissez les cartons avec la marchandise.

______________________________________________

b) Nous n'entendons rien!

______________________________________________

c) Ils ne travaillent jamais la nuit.

______________________________________________

d) Tu prends ton petit-déjeuner à quelle heure?

______________________________________________

## Zu den Verbtabellen

Die Verben werden in **fünf** Gruppen eingeteilt:

die **Gruppe 1** mit den **„normalen" Verben auf** ***-er*** und mit denen, die eine **kleine „Macke"** haben **(1b–1f)**,
die **Gruppe 2** mit den **Verben auf** ***-dre***,
die **Gruppe 3** mit den **Verben auf** ***-ir*** (3a) und den **Verben auf** ***-ir*** mit Stammerweiterung (3b),
die **Gruppe 4** mit den **reflexiven Verben**,
die **Gruppe 5** mit den **unregelmäßigen Verben**, sie werden einzeln durchnummeriert (5a–5p).

Die Formen im *Imparfait* sind in eckigen Klammern (< >). Sie sind für besonders leistungsstarke Gruppen..

## 1 Verben auf *-er: -e, -es, -e, -ons, -ez, -ent*

| **1a chercher** (suchen) | | | | | | | TE 1 3B |
|---|---|---|---|---|---|---|---|
| **Présent** | | **Passé composé** | | | **Futur composé** | | |
| je | cherch**e** | j’ | ai | cherché | je | vais | chercher |
| tu | cherch**es** | tu | as | cherché | tu | vas | chercher |
| il/elle/on | cherch**e** | il/elle/on‿ | a | cherché | il/elle/on | va | chercher |
| nous | cherch**ons** | nous‿ | avons | cherché | nous‿ | allons | chercher |
| vous | cherch**ez** | vous‿ | avez | cherché | vous‿ | allez | chercher |
| ils/elles | cherch**ent** | ils/elles‿ | ont | cherché | ils/elles | vont | chercher |
| **Imparfait** | | | | | **Impératif** | | |
| je | cherchais | nous | cherchions | | Cherche. | | |
| tu | cherchais | vous | cherchiez | | Cherchons. | | |
| il/elle/on | cherchait | ils/elles | cherchaient | | Cherchez. | | |

**Ebenso:** alle regelmäßigen Verben auf -er

**Beachte:** Die Verben **arriver** (ankommen), **entrer** (eintreten), **tomber** (fallen), **rentrer** (zurückkehren), **rester** (bleiben) bilden das *Passé composé* mit **être**.

| 1b **appeler ([an]rufen)** | | | | | | | TE II 5A |
|---|---|---|---|---|---|---|---|
| **Présent** | | **Passé composé** | | | **Futur composé** | | |
| j' | appelle | j' | **ai** | **appelé** | je | vais | appeler |
| tu | appelles | tu | **as** | **appelé** | tu | vas | appeler |
| il/elle/on‿ | appelle | il/elle/on‿ | **a** | **appelé** | il/elle/on | va | appeler |
| nous‿ | appelons | nous‿ | **avons** | **appelé** | nous‿ | allons | appeler |
| vous‿ | appelez | vous‿ | **avez** | **appelé** | vous‿ | allez | appeler |
| ils/elles‿ | appellent | ils/elles‿ | **ont** | **appelé** | ils/elles | vont | appeler |
| | | **Imparfait** | | | **Impératif** | | |
| j' | appelais | nous‿ | appelions | | Appelle. | | |
| tu | appelais | vous‿ | appeliez | | Appelons. | | |
| il/elle/on‿ | appelait | ils/elles‿ | appelaient | | Appelez. | | |

| **1c acheter** (kaufen) | | | | | | | TE II 1AP |
|---|---|---|---|---|---|---|---|
| **Présent** | | **Passé composé** | | | **Futur composé** | | |
| j' | achète | j' | ai | acheté | je | vais | acheter |
| tu | achètes | tu | as | acheté | tu | vas | acheter |
| il/elle/on‿ | achète | il/elle/on‿ | a | acheté | il/elle/on | va | acheter |
| nous‿ | achetons | nous‿ | avons | acheté | nous‿ | allons | acheter |
| vous‿ | achetez | vous‿ | avez | acheté | vous‿ | allez | acheter |
| ils/elles‿ | achètent | ils/elles‿ | ont | acheté | ils/elles | vont | acheter |
| **Imparfait** | | | | | **Impératif** | | |
| j' | achetais | nous‿ | achetions | | Achète. | | |
| tu | achetais | vous‿ | achetiez | | Achetons. | | |
| il/elle/on‿ | achetait | ils/elles‿ | achetaient | | Achetez. | | |

**Ebenso: enlever** (ausziehen).

| **1d manger** (essen) | | | | | | | | TE II 2A |
|---|---|---|---|---|---|---|---|---|
| **Présent** | | **Passé composé** | | | **Futur composé** | | | |
| je | mange | j' | ai | mangé | je | vais | manger | |
| tu | manges | tu | as | mangé | tu | vas | manger | |
| il/elle/on | mange | il/elle/on‿ | a | mangé | il/elle/on | va | manger | |
| nous | mangeons | nous‿ | avons | mangé | nous‿ | allons | manger | |
| vous | mangez | vous‿ | avez | mangé | vous‿ | allez | manger | |
| ils/elles | mangent | ils/elles‿ | ont | mangé | ils/elles | vont | manger | |
| **Imparfait** | | | | | **Impératif** | | | |
| je | mangeais | nous | mangions | | Mange. | | | |
| tu | mangeais | vous | mangiez | | Mangeons. | | | |
| il/elle/on | mangeait | ils/elles | mangeaient | | Mangez. | | | |

**Ebenso: bouger** ([sich] bewegen), **nager** (schwimmen), **ranger** (aufräumen), **plonger** (ins Wasser springen), **changer** (ändern), **charger** (einladen), **décharger** (entladen), **déménager** (umziehen)

| **1e commencer** (anfangen) | | | | | | | TE II 2 A |
|---|---|---|---|---|---|---|---|
| **Présent** | | **Passé composé** | | | **Futur composé** | | |
| je | commence | j' | ai | commencé | je | vais | commencer |
| tu | commences | tu | as | commencé | tu | vas | commencer |
| il/elle/on | commence | il/elle/on‿ | a | commencé | il/elle/on | va | commencer |
| nous | commençons | nous‿ | avons | commencé | nous‿ | allons | commencer |
| vous | commencez | vous‿ | avez | commencé | vous‿ | allez | commencer |
| ils/elles | commencent | ils/elles‿ | ont | commencé | ils/elles | vont | commencer |
| **Imparfait** | | | | | **Impératif** | | |
| je | commençais | nous | commen**cions** | | Commence. | | |
| tu | commençais | vous | commen**ciez** | | Commençons. | | |
| il/elle/on | commençait | ils/elles | commençaient | | Commencez. | | |

**Beachte: commencer** (anfangen) hat wie **manger** (s. 1d) Besonderheiten in Schreibung und Aussprache.

| **1f essayer** (versuchen) | | | | | | | TE III 2A |
|---|---|---|---|---|---|---|---|
| **Présent** | | **Passé composé** | | | **Futur composé** | | |
| j’ | essa**ie** | j’ | ai | essayé | je | vais | essayer |
| tu | essa**ies** | tu | as | essayé | tu | vas | essayer |
| il/elle/on‿ | essa**ie** | il/elle/on‿ | a | essayé | il/elle/on | va | essayer |
| nous‿ | essa**yons** | nous‿ | avons | essayé | nous‿ | allons | essayer |
| vous‿ | essa**yez** | vous‿ | avez | essayé | vous‿ | allez | essayer |
| ils/elles‿ | essa**ient** | ils/elles‿ | ont | essayé | ils/elles | vont | essayer |
| **Imparfait** | | | | | **Impératif** | | |
| j’ | essa**yais** | nous‿ | essa**yions** | | Essa**ie**. | | |
| tu | essa**yais** | vous‿ | essa**yiez** | | Essayons. | | |
| il/elle/on‿ | essa**yait** | ils/elles‿ | essa**yaient** | | Essayez. | | |

**Ebenso: envoyer** (schicken), das *Futur simple* von envoyer ist aber **j’enverrai**, tu **enverras** …, das *Conditionel* j’**enverrais**, tu **enverrais** …

## 2. Verben auf *-dre*: *-s, -s, -d, -ons, -ez, -ent*

| **2 attendre** (warten) | | | | | | | TE II 3A |
|---|---|---|---|---|---|---|---|
| **Présent** | | **Passé composé** | | | **Futur composé** | | |
| j' | attend**s** | j' | ai | attendu | je | vais | attendre |
| tu | attend**s** | tu | as | attendu | tu | vas | attendre |
| il/elle/on‿ | attend | il/elle/on‿ | a | attendu | il/elle/on | va | attendre |
| nous‿ | attend**ons** | nous‿ | avons | attendu | nous‿ | allons | attendre |
| vous‿ | attend**ez** | vous‿ | avez | attendu | vous‿ | allez | attendre |
| ils/elles‿ | attend**ent** | ils/elles‿ | ont | attendu | ils/elles | vont | attendre |
| **Imparfait** | | | | | **Impératif** | | |
| j' | attendais | nous‿ | attendions | | Attends. | | |
| tu | attendais | vous‿ | attendiez | | Attendons. | | |
| il/elle/on‿ | attendait | ils/elles‿ | attendaient | | Attendez. | | |

**Ebenso: entendre** (hören), **perdre** (verlieren), **répondre** (antworten), **vendre** (verkaufen)

## 3. Verben auf *-ir: -s, -s, -t, -ons, -ez, -ent*

| **3a partir** (weggehen) | | | | | | TE III 3A |
|---|---|---|---|---|---|---|
| **Présent** | | **Passé composé** | | **Futur composé** | | |
| je | pars | je | suis parti(e) | je | vais | partir |
| tu | pars | tu | es parti(e) | tu | vas | partir |
| il/elle/on | part | il/elle/on‿ | est parti(e) | il/elle/on | va | partir |
| nous | partons | nous | sommes parti(e)s | nous‿ | allons | partir |
| vous | partez | vous‿ | êtes parti(e)s | vous‿ | allez | partir |
| ils/elles | partent | ils/elles | sont parti(e)s | ils/elles | vont | partir |
| **Imparfait** | | | | **Impératif** | | |
| je | partais | nous | partions | Pars. | | |
| tu | partais | vous | partiez | Partons. | | |
| il/elle/on | partait | ils/elles | partaient | Partez. | | |

Ebenso: **dormir** (schlafen), **servir** (servieren), **sortir** (ausgehen), **dormir** und **servir** bilden das *Passé composé* mit **avoir**.

## Verben auf *-ir* mit Stamm-Erweiterung

| **3b finir** (beenden) | | | | | | | TE III 4A |
|---|---|---|---|---|---|---|---|
| **Présent** | | **Passé composé** | | | **Futur composé** | | |
| je | finis | j' | ai | fini | je | vais | finir |
| tu | finis | tu | as | fini | tu | vas | finir |
| il/elle/on | finit | il/elle/on‿ | a | fini | il/elle/on | va | finir |
| nous | finissons | nous‿ | avons | fini | nous‿ | allons | finir |
| vous | finissez | vous‿ | avez | fini | vous‿ | allez | finir |
| ils/elles | finissent | ils/elles‿ | ont | fini | ils/elles | vont | finir |
| **Imparfait** | | | | | **Impératif** | | |
| je | finissais | nous | finissions | | Finis. | | |
| tu | finissais | vous | finissiez | | Finissons. | | |
| il/elle/on | finissait | ils/elles | finissaient | | Finissez. | | |

**Ebenso: choisir** (auswählen), **réagir** (reagieren), **refroidir** (abkühlen), **remplir** (füllen)

## 4. Reflexive Verben

**4 s'occuper de** (sich kümmern um) — für besonders leistungsstarke Gruppen TE III 2A

| **Présent** | | | **Passé composé** | | | **Futur composé** | | |
|---|---|---|---|---|---|---|---|---|
| je | m' | occupe | je | me suis | occupé(e) | je | vais | m'occuper |
| tu | t' | occupes | tu | t'es | occupé(e) | tu | vas | t'occuper |
| il/elle/on | s' | occupe | il/elle/on | s'est | occupé(e) | il/elle/on | va | s'occuper |
| nous | nous‿ | occupons | nous | nous sommes | occupé(e)s | nous‿ | allons | nous‿ occuper |
| vous | vous‿ | occupez | vous | vous‿ êtes | occupé(e)s | vous‿ | allez | vous‿ occuper |
| ils/elles | s' | occupent | ils/elles | se sont | occupé(e)s | ils/elles | vont | s'occuper |
| **Imparfait** | | | | | | **Impératif** | | |
| je | m' | occupais | nous | nous‿ | occupions | Occupe-toi. | | |
| tu | t' | occupais | vous | vous‿ | occupiez | Occupons-nous. | | |
| il/elle/on | s' | occupait | ils/elles | s' | occupaient | Occupez-vous. | | |

**Ebenso: se débrouiller** (zurechtkommen)

**Beachte:** Die reflexiven Verben bilden das *Passé composé* immer mit **être**.

## 5. Unregelmäßige Verben

| **5a être** (sein) | | | | | | | | TE I 4A |
|---|---|---|---|---|---|---|---|---|
| **Présent** | | **Passé composé** | | | **Futur composé** | | | |
| je | **suis** | j’ | ai | été | je | vais | être | |
| tu | **es** | tu | as | été | tu | vas | être | |
| il/elle/on‿ | **est** | il/elle/on‿ | a | été | il/elle/on | va | être | |
| nous | **sommes** | nous‿ | avons | été | nous‿ | allons | être | |
| vous‿ | **êtes** | vous‿ | avez | été | vous‿ | allez | être | |
| ils/elles | **sont** | ils/elles‿ | ont | été | ils/elles | vont | être | |
| **Imparfait** | | | | | **Impératif** | | | |
| j’ | étais | nous‿ | étions | | **Sois.** | | | |
| tu | étais | vous‿ | étiez | | **Soyons.** | | | |
| il/elle/on‿ | était | ils/elles‿ | étaient | | **Soyez.** | | | |

## 5b **avoir** (haben) — TE I 2B

| **Présent** | | **Passé composé** | | | **Futur composé** | | |
|---|---|---|---|---|---|---|---|
| j' | **ai** | j' | ai | eu | je | vais | avoir |
| tu | **as** | tu | as | eu | tu | vas | avoir |
| il/elle/on‿ | **a** | il/elle/on‿ | a | eu | il/elle/on | va | avoir |
| nous‿ | **avons** | nous‿ | avons | eu | nous‿ | allons | avoir |
| vous‿ | **avez** | vous‿ | avez | eu | vous‿ | allez | avoir |
| ils/elles‿ | **ont** | ils/elles‿ | ont | eu | ils/elles | vont | avoir |
| **Imparfait** | | | | | **Impératif** | | |
| j' | avais | nous‿ | avions | | **Aie.** | | |
| tu | avais | vous‿ | aviez | | **Ayons.** | | |
| il/elle/on‿ | avait | ils/elles‿ | avaient | | **Ayez.** | | |

| **5c faire** (machen) | | | | | | | TE I 6A |
|---|---|---|---|---|---|---|---|
| **Présent** | | **Passé composé** | | | **Futur composé** | | |
| je | fais | j’ | ai | fait | je | vais | faire |
| tu | fais | tu | as | fait | tu | vas | faire |
| il/elle/on | fait | il/elle/on‿ | a | fait | il/elle/on | va | faire |
| nous | fai**sons** | nous‿ | avons | fait | nous‿ | allons | faire |
| vous | **faites** | vous‿ | avez | fait | vous‿ | allez | faire |
| ils/elles | **font** | ils/elles‿ | ont | fait | ils/elles | vont | faire |
| **Imparfait** | | | | | **Impératif** | | |
| je | faisais | nous | faisions | | Fais. | | |
| tu | faisais | vous | faisiez | | Faisons. | | |
| il/elle/on | faisait | ils/elles | faisaient | | Faites. | | |

| 5d **aller** (gehen) | | | | | | | TE I 5A |
|---|---|---|---|---|---|---|---|
| **Présent** | | **Passé composé** | | | **Futur composé** | | |
| je | **vais** | je | suis | allé(e) | je | vais | aller |
| tu | **vas** | tu | es | allé(e) | tu | vas | aller |
| il/elle/on | **va** | il/elle/on‿ | est | allé(e) | il/elle/on | va | aller |
| nous‿ | **allons** | nous | sommes | allé(e)s | nous‿ | allons | aller |
| vous‿ | **allez** | vous‿ | êtes | allé(e)s | vous‿ | allez | aller |
| ils/elles | **vont** | ils/elles | sont | allé(e)s | ils/elles | vont | aller |
| | | **Imparfait** | | | **Impératif** | | |
| j' | allais | nous‿ | allions | | Va. | | |
| tu | allais | vous‿ | alliez | | Allons. | | |
| il/elle/on‿ | allait | ils/elles‿ | allaient | | Allez. | | |

**Beachte: aller** bildet das *Passé composé* mit **être**.

| **5e prendre** (nehmen) | | | | | | | | TE II 4A |
|---|---|---|---|---|---|---|---|---|
| **Présent** | | **Passé composé** | | | **Futur composé** | | | |
| je | prends | j' | ai | pris | je | vais | prendre | |
| tu | prends | tu | as | pris | tu | vas | prendre | |
| il/elle/on | prend | il/elle/on‿ | a | pris | il/elle/on | va | prendre | |
| nous | prenons | nous‿ | avons | pris | nous‿ | allons | prendre | |
| vous | prenez | vous‿ | avez | pris | vous‿ | allez | prendre | |
| ils/elles | prennent | ils/elles‿ | ont | pris | ils/elles | vont | prendre | |
| **Imparfait** | | | | | **Impératif** | | | |
| je | prenais | nous | prenions | | Prends. | | | |
| tu | prenais | vous | preniez | | Prenons. | | | |
| il/elle/on | prenait | ils/elles | prenaient | | Prenez. | | | |

**Ebenso: apprendre** (lernen), **comprendre** (verstehen)

| **5f** | **mettre** (setzen) | | | | | | TE II 1A |
|---|---|---|---|---|---|---|---|
| **Présent** | | **Passé composé** | | | **Futur composé** | | |
| je | mets | j’ | ai | mis | je | vais | mettre |
| tu | mets | tu | as | mis | tu | vas | mettre |
| il/elle/on | met | il/elle/on | a | mis | il/elle/on | va | mettre |
| nous | me**tt**ons | nous | avons | mis | nous | allons | mettre |
| vous | me**tt**ez | vous | avez | mis | vous | allez | mettre |
| ils/elles | me**tt**ent | ils/elles | ont | mis | ils/elles | vont | mettre |
| **Imparfait** | | | | | **Impératif** | | |
| je | mettais | nous | mettions | | Mets. | | |
| tu | mettais | vous | mettiez | | Mettons. | | |
| il/elle/on | mettait | ils/elles | mettaient | | Mettez. | | |

## 5g **vouloir** (wollen) TE II 5A

| Présent | | Passé composé | | | Futur composé | | |
|---|---|---|---|---|---|---|---|
| je | **veux** | j’ | ai | voulu | je | vais | vouloir |
| tu | **veux** | tu | as | voulu | tu | vas | vouloir |
| il/elle/on | **veut** | il/elle/on‿ | a | voulu | il/elle/on | va | vouloir |
| nous | voul**ons** | nous‿ | avons | voulu | nous‿ | allons | vouloir |
| vous | voul**ez** | vous‿ | avez | voulu | vous‿ | allez | vouloir |
| ils/elles | **veulent** | ils/elles‿ | ont | voulu | ils/elles | vont | vouloir |
| **Imparfait** | | | | | **Impératif** | | |
| je | voulais | nous | voulions | | – | | |
| tu | voulais | vous | vouliez | | – | | |
| il/elle/on | voulait | ils/elles | voulaient | | **Veuillez.** | | |

**5h pouvoir** (können) TE II 5A

| **Présent** | | **Passé composé** | | | **Futur composé** | | |
|---|---|---|---|---|---|---|---|
| je | **peux** | j' | ai | **pu** | je | vais | pouvoir |
| tu | **peux** | tu | as | **pu** | tu | vas | pouvoir |
| il/elle/on | **peut** | il/elle/on‿ | a | **pu** | il/elle/on | va | pouvoir |
| nous | pouv**ons** | nous‿ | avons | **pu** | nous‿ | allons | pouvoir |
| vous | pouv**ez** | vous‿ | avez | **pu** | vous‿ | allez | pouvoir |
| ils/elles | **peuvent** | ils/elles‿ | ont | **pu** | ils/elles | vont | pouvoir |

| **Imparfait** | | | | **Impératif** |
|---|---|---|---|---|
| je | pouvais | nous | pouvions | – |
| tu | pouvais | vous | pouviez | |
| il/elle/on | pouvait | ils/elles | pouvaient | |

## 5i **venir** (kommen) — TE II 2A

| **Présent** | | **Passé composé** | | | **Futur composé** | | |
|---|---|---|---|---|---|---|---|
| je | **viens** | je | **suis** | venu(e) | je | vais | venir |
| tu | **viens** | tu | **es** | venu(e) | tu | vas | venir |
| il/elle/on | **vient** | il | **est** | venu | il/elle/on | va | venir |
| nous | ven**ons** | elle | **est** | venue | nous‿ | allons | venir |
| vous | ven**ez** | on‿ | **est** | venu(e)(s) | vous‿ | allez | venir |
| ils/elles | **viennent** | nous | **sommes** | venu(e)s | ils/elles | vont | venir |
| | | vous‿ | **êtes** | venu(e)s | | | |
| | | ils | **sont** | venus | | | |
| | | elles | **sont** | venues | | | |

| **Imparfait** | | | | **Impératif** |
|---|---|---|---|---|
| je | venais | nous | venions | **Viens.** |
| tu | venais | vous | veniez | **Venons.** |
| il/elle/on | venait | ils/elles | venaient | **Venez.** |

**Ebenso: revenir** (zurückkommen)

**Beachte:** Das Verb **tenir**, von dem du bisher lediglich lexikalisch die Form „**Tiens**". (Sieh mal einer an.) kennst, wird konjugiert wie **venir**, bildet aber das *Passé composé* mit **avoir**.

**5j connaître** (kennen) TE II 5A

| **Présent** | | **Passé composé** | | | **Futur composé** | | |
|---|---|---|---|---|---|---|---|
| je | connais | j’ | ai | **connu** | je | vais | connaître |
| tu | connais | tu | as | **connu** | tu | vas | connaître |
| il/elle/on | conna**ît** | il/elle/on‿ | a | **connu** | il/elle/on | va | connaître |
| nous | connai**ssons** | nous‿ | avons | **connu** | nous‿ | allons | connaître |
| vous | connai**ssez** | vous‿ | avez | **connu** | vous‿ | allez | connaître |
| ils/elles | connai**ssent** | ils/elles‿ | ont | **connu** | ils/elles | vont | connaître |

| **Imparfait** | | | | **Impératif** |
|---|---|---|---|---|
| je | connaissais | nous | connaissions | – |
| tu | connaissais | vous | connaissiez | – |
| il/elle/on | connaissait | ils/elles | connaissaient | – |

| **5k** | **écrire** (schreiben) | | | | | | TE III 4A |
|---|---|---|---|---|---|---|---|
| **Présent** | | **Passé composé** | | | **Futur composé** | | |
| j’ | écris | j’ | ai | écrit | je | vais | écrire |
| tu | écris | tu | as | écrit | tu | vas | écrire |
| il/elle/on‿ | écrit | il/elle/on‿ | a | écrit | il/elle/on | va | écrire |
| nous‿ | écrivons | nous‿ | avons | écrit | nous‿ | allons | écrire |
| vous‿ | écrivez | vous‿ | avez | écrit | vous‿ | allez | écrire |
| ils/elles‿ | écrivent | ils/elles‿ | ont | écrit | ils/elles | vont | écrire |
| **Imparfait** | | | | | **Impératif** | | |
| j’ | écrivais | nous‿ | écrivions | | Ecris. | | |
| tu | écrivais | vous‿ | écriviez | | Ecrivons. | | |
| il/elle/on‿ | écrivait | ils/elles‿ | écrivaient | | Ecrivez. | | |

**Beachte: lire** (lesen) und **dire** (sagen) werden wie **écrire** konjugiert. Wo die Form von écrire jedoch ein **v** enthält, steht bei diesen Verben ein **s**: z.B. nous **lisons**. Das *Participe passé* von **lire** ist **lu**. Die zweite Person Plural im Präsens von **dire** ist vous **dites**.

| **5l offrir** (anbieten) | | | | | | | TE III 4A |
|---|---|---|---|---|---|---|---|
| **Présent** | | **Passé composé** | | | **Futur composé** | | |
| j' | offre | j' | ai | offert | je | vais | offrir |
| tu | offres | tu | as | offert | tu | vas | offrir |
| il/elle/on‿ | offre | il/elle/on‿ | a | offert | il/elle/on | va | offrir |
| nous‿ | offrons | nous‿ | avons | offert | nous‿ | allons | offrir |
| vous‿ | offrez | vous‿ | avez | offert | vous‿ | allez | offrir |
| ils/elles‿ | offrent | ils/elles‿ | ont | offert | ils/elles | vont | offrir |
| **Imparfait** | | | | | **Impératif** | | |
| j' | offrais | nous‿ | offrions | | Offre. | | |
| tu | offrais | vous‿ | offriez | | Offrons. | | |
| il/elle/on‿ | offrait | ils/elles‿ | offraient | | Offrez. | | |

**Ebenso: ouvrir** (öffnen, eröffnen), **découvrir** (entdecken)

**5m boire** (trinken) TE II 5A

| **Présent** | | **Passé composé** | | | **Futur composé** | | |
|---|---|---|---|---|---|---|---|
| je | **bois** | j' | ai | **bu** | je | vais | boire |
| tu | **bois** | tu | as | **bu** | tu | vas | boire |
| il/elle/on | **boit** | il/elle/on‿ | a | **bu** | il/elle/on | va | boire |
| nous | buv**ons** | nous‿ | avons | **bu** | nous‿ | allons | boire |
| vous | buv**ez** | vous‿ | avez | **bu** | vous‿ | allez | boire |
| ils/elles | bo**ivent** | ils/elles‿ | ont | **bu** | ils/elles | vont | boire |

| **Imparfait** | | | | **Impératif** |
|---|---|---|---|---|
| je | buvais | nous | buvions | **Bois.** |
| tu | buvais | vous | buviez | **Buvons.** |
| il/elle/on | buvait | ils/elles | buvaient | **Buvez.** |

| **5n devoir** (müssen, sollen) | | | | | | | TE III 2A |
|---|---|---|---|---|---|---|---|
| **Présent** | | **Passé composé** | | | **Futur composé** | | |
| je | dois | j’ | ai | dû | je | vais | devoir |
| tu | dois | tu | as | dû | tu | vas | devoir |
| il/elle/on | doit | il/elle/on‿ | a | dû | il/elle/on | va | devoir |
| nous | devons | nous‿ | avons | dû | nous‿ | allons | devoir |
| vous | devez | vous‿ | avez | dû | vous‿ | allez | devoir |
| ils/elles | doivent | ils/elles‿ | ont | dû | ils/elles | vont | devoir |

| **Imparfait** | | | | **Impératif** |
|---|---|---|---|---|
| je | devais | nous | devions | – |
| tu | devais | vous | deviez | – |
| il/elle/on | devait | ils/elles | devaient | – |

| **50 recevoir** (erhalten) | | | | | | | TE III 1A |
|---|---|---|---|---|---|---|---|
| **Présent** | | **Passé composé** | | | **Futur composé** | | |
| je | reçois | j' | ai | reçu | je | vais | recevoir |
| tu | reçois | tu | as | reçu | tu | vas | recevoir |
| il/elle/on | reçoit | il/elle/on‿ | a | reçu | il/elle/on | va | recevoir |
| nous | recevons | nous‿ | avons | reçu | nous‿ | allons | recevoir |
| vous | recevez | vous‿ | avez | reçu | vous‿ | allez | recevoir |
| ils/elles | reçoivent | ils/elles‿ | ont | reçu | ils/elles | vont | recevoir |
| **Imparfait** | | | | | **Impératif** | | |
| je | recevais | nous | recevions | | Reçois. | | |
| tu | recevais | vous | receviez | | Recevons. | | |
| il/elle/on | recevait | ils/elles | recevaient | | Recevez. | | |

| **5p voir** (sehen) | | | | | | | TE III 3A |
|---|---|---|---|---|---|---|---|
| **Présent** | | **Passé composé** | | | **Futur composé** | | |
| je | vois | j’ | ai | vu | je | vais | voir |
| tu | vois | tu | as | vu | tu | vas | voir |
| il/elle/on | voit | il/elle/on‿ | a | vu | il/elle/on | va | voir |
| nous | voyons | nous‿ | avons | vu | nous‿ | allons | voir |
| vous | voyez | vous‿ | avez | vu | vous‿ | allez | voir |
| ils/elles | voient | ils/elles‿ | ont | vu | ils/elles | vont | voir |
| **Imparfait** | | | | | **Impératif** | | |
| je | voyais | nous | voyions | | Vois. | | |
| tu | voyais | vous | voyiez | | Voyons. | | |
| il/elle/on | voyait | ils/elles | voyaient | | Voyez. | | |

# Verbenliste

## A

| | | | | | N° * |
|---|---|---|---|---|---|
| **accélérer** | beschleunigen | III | 2 | A | **1c** |
| **il/elle accueille** | er/sie empfängt; *hier:* er/sie begrüßt | II | 4 | A | |
| **acheter qc** | etw. kaufen | II | 1 | A | **1c** |
| **adorer** | (sehr) lieben; am liebsten haben; mögen | I | 3 | A | **1a** |
| **aider qn** | jdm. helfen | II | 5 | A | **1a** |
| **aimer** | mögen; lieben | I | 3 | A | **1a** |
| **j'aimerais (faire qc)** | ich würde gern (etw. tun) | III | 2 | AP | **1a** |
| **ajouter** | hinzufügen | III | 4 | A | **1a** |
| **aller** | gehen; fahren | I | 5 | A | **5d** |
| **aller chercher** | holen | III | 2 | A | **5d** |
| **allumer qc** | etw. einschalten | II | 2 | A | **1a** |
| **appeler qn** | jdn. (an)rufen | II | 5 | AP | **1b** |
| **s'appeler** | heißen | I | 1 | A | **1b** |
| **apporter** | (mit)bringen | I | 4 | B | **1a** |
| **apprendre** | lernen | III | 3 | A | **2** |
| **arriver** | (an)kommen | I | 3 | C | **1a** |
| **arriver à (faire)** | es schaffen, zu (tun) | III | 2 | A | **1a** |
| **attendre qn/qc** | auf jdn./etw. warten | II | 3 | A | **2** |
| **avoir** | haben | 1 | 2 | B | **5b** |
| **il y a** | es gibt | I | 3 | A | **5b** |

## B

| | | | | | |
|---|---|---|---|---|---|
| **boire qc** | etw. trinken | II | 5 | A | **5m** |
| **bouger** | (sich) bewegen | II | 1 | A | **1d** |

## C

| | | | | | |
|---|---|---|---|---|---|
| **caresser qn/qc** | jdn./etw. streicheln | II | 5 | A | **1a** |
| **changer** | ändern; (sich) verändern | III | 1 | A | **1d** |
| **chanter** | singen | I | 3 | B | **1a** |
| **charger** | einladen; beladen | III | 5 | A | **1d** |
| **chatter** | chatten | II | 2 | A | **1a** |
| **chercher** | suchen | I | 3 | B | **1a** |
| **choisir** | wählen; aussuchen | III | 4 | A | **3b** |
| **cliquer sur qc** | auf etw. klicken | II | 2 | A | **1a** |

* Diese Nummer bezeichnet die Verbkategorie.

| | | | | | |
|---|---|---|---|---|---|
| **commander** | bestellen | II | 1 | A | **1a** |
| **commencer** | anfangen/beginnen | II | 2 | A | **1e** |
| **comprendre** | verstehen | III | 1 | A | **5e** |
| **compter** | zählen | II | 5 | A | **1a** |
| **confirmer qc** | etw. bestätigen | II | 2 | A | **1a** |
| **j'ai confondu** | ich habe verwechselt | III | 3 | A | **2** |
| **connaître qn/qc** | jdn./etw. kennenlernen | II | 5 | A | **5j** |
| **contrôler qc** | etw. kontrollieren | II | 4 | A | **1a** |

## D

| | | | | | |
|---|---|---|---|---|---|
| **danser** | tanzen | I | 3 | B | **1a** |
| **débarrasser (la table)** | (den Tisch) abräumen | III | 4 | A | **1a** |
| **décharger** | entladen | III | 5 | A | **1d** |
| **découvrir** | entdecken | III | 2 | AP | **5e** |
| **demander qc à qn** | jdn. nach etw. fragen | II | 3 | A | **1a** |
| **démarrer** | starten *(Auto/Motorrad)* | III | 2 | A | **1a** |
| **déménager** | umziehen | III | 4 | A | **1d** |
| **détester** | (überhaupt) nicht mögen; hassen | I | 3 | A | **1a** |
| **devoir (faire)** | (tun) müssen | III | 2 | A | **5n** |
| **dire** | sagen | III | 1 | A | **5k** |
| **discuter** | sich unterhalten; diskutieren | III | 1 | AP | **1a** |
| **donner qc à qn** | jdm. etw. geben | II | 2 | A | **1a** |
| **dormir** | schlafen | III | 3 | A | **3a** |

## E

| | | | | | |
|---|---|---|---|---|---|
| **écouter** | zuhören | I | 6 | B | **1a** |
| **écrire** | schreiben | III | 4 | A | **5k** |
| **effacer** | löschen | III | 1 | A | **1e** |
| **enlever** | ausziehen; abnehmen | III | 2 | A | **1c** |
| **entendre** | hören | III | 5 | A | **2** |
| **entrer** | eintreten; betreten; hereinkommen | I | 6 | B | **1a** |
| **envoyer qc à qn** | jdm. etw. schicken | III | 1 | A | **1f** |
| **essayer de faire qc** | versuchen, etw. zu tun | III | 2 | A | **1f** |

| | | | | | |
|---|---|---|---|---|---|
| **être** | sein | I | 4 | A | **5a** |
| **expliquer qc à qn** | jdm. etw. erklären | II | 5 | A | **1a** |

## F

| | | | | | |
|---|---|---|---|---|---|
| **faire** | machen | I | 6 | A | **5c** |
| **fasciner** | begeistern; faszinieren | II | 5 | AP | **1a** |
| **Il faut ...** | Wir müssen ... | II | 4 | A | **lex.** |
| **fermer** | schließen | II | 1 | A | **1a** |
| **finir** | beenden; aufhören mit | III | 4 | A | **3b** |
| **frapper** | klopfen | I | 6 | B | **1a** |
| **freiner** | bremsen | III | 2 | A | **1a** |

## G

| | | | | | |
|---|---|---|---|---|---|
| **gagner** | gewinnen | I | 4 | B | **1a** |
| **garder** | behalten; aufbewahren | III | 1 | A | **1a** |
| **goûter** | probieren; kosten | III | 4 | A | **1a** |

## H

| | | | | | |
|---|---|---|---|---|---|
| **habiter** | wohnen | I | 5 | A | **1a** |
| **halluciner** | halluzinieren; spinnen | I | 5 | A | **1a** |

## I

| | | | | | |
|---|---|---|---|---|---|
| **ignorer** | ignorieren; unbeachtet lassen | III | 1 | A | **1a** |
| **inviter** | einladen | I | 6 | A | **1a** |

## J

| | | | | | |
|---|---|---|---|---|---|
| **jongler** | jonglieren | I | 5 | A | **1a** |
| **jouer** | spielen | I | 3 | B | **1a** |

## L

| | | | | | |
|---|---|---|---|---|---|
| **lâcher** | loslassen | III | 2 | A | **1a** |
| **lire** | lesen | III | 4 | A | **5k** |

## M

| | | | | | |
|---|---|---|---|---|---|
| **manger qc** | etw. essen | II | 2 | A | **1d** |
| **manquer** | verpassen; versäumen | III | 2 | A | **1a** |
| **marcher** | gehen; laufen | III | 2 | A | **1a** |
| **mettre** | setzen; stellen; legen; hineintun; anziehen | II | 1 | A | **5f** |

| | | | | | |
|---|---|---|---|---|---|
| **monter qc** | etw. aufbauen; aufstellen | II | 5 | A | **1a** |
| **monter sur** | steigen auf | III | 2 | A | **1a** |
| **montrer qc à qn** | jdm. etw. zeigen | II | 2 | A | **1a** |
| **N** | | | | | |
| **nager** | schwimmen | I | 6 | B | **1d** |
| **négocier** | verhandeln | III | 5 | A | **1a** |
| **O** | | | | | |
| **s'occuper de qn/qc** | sich um jdn./etw. kümmern | III | 2 | A | **4** |
| **offrir** | einladen zu; schenken | III | 4 | A | **5e** |
| **oser** | sich trauen; wagen | III | 3 | A | **1a** |
| **oublier qc** | etw. vergessen | II | 3 | A | **1a** |
| **ouvrir** | öffnen; eröffnen | III | 4 | A | **5e** |
| **P** | | | | | |
| **paniquer** | in Panik geraten | I | 6 | B | **1a** |
| **parler** | sprechen | III | 1 | A | **1a** |
| **participer à qc** | an etw. teilnehmen | III | 3 | A | **1a** |
| **partir** | losfahren; abfahren; weggehen | III | 3 | A | **3a** |
| **passer** | verbringen | I | 6 | A | **1a** |
| **passer (une journée)** | (einen Tag) verbringen | III | 3 | A | **1a** |
| **passer qc à qn** | jdm. etw. reichen; jdm. etw. weitergeben | III | 3 | A | **1a** |
| **perdre** | verlieren | III | 2 | A | **2** |
| **pique-niquer** | ein Picknick machen | II | 4 | A | **1a** |
| **piquer** *(fam.)* | klauen *(ugs.)* | III | 5 | A | **1a** |
| **placer** | hinstellen; platzieren | III | 4 | A | **1e** |
| **Il pleut.** | Es regnet. | I | 5 | B | **lex.** |
| **plonger** | ins Wasser springen | II | 4 | A | **1d** |
| **porter** | tragen | II | 1 | A | **1a** |
| **poser qc** | etw. stellen; setzen; legen | II | 5 | A | **1a** |
| **pousser** | schieben | III | 2 | A | **1a** |
| **pouvoir** | können | II | 5 | A | **5h** |
| **prendre qc** | etw. nehmen | II | 4 | A | **5e** |
| **préférer** | bevorzugen; lieber mögen | II | 1 | A | **1g** |

| | | | | | |
|---|---|---|---|---|---|
| **préparer** | vorbereiten; zubereiten | I | 3 | C | **1a** |
| **présenter** | vorstellen; präsentieren | I | 6 | B | **1a** |
| **proposer qc** | etw. vorschlagen | II | 4 | A | **1a** |
| **protéger** | schützen | III | 2 | AP | **1d** |

## R

| | | | | | |
|---|---|---|---|---|---|
| **raconter qc** | etw. erzählen | II | 3 | A | **1a** |
| **ramasser qc** | etw. einsammeln; aufheben | II | 3 | A | **1a** |
| **ranger** | aufräumen | I | 4 | B | **1d** |
| **recevoir** | bekommen; erhalten | III | 1 | A | **5o** |
| **refroidir** | abkühlen; kalt werden | III | 4 | A | **3b** |
| **regarder** | ansehen; anschauen; betrachten | I | 3 | B | **1a** |
| **régler** | regeln; klären | III | 4 | A | **1g** |
| **remarquer** | bemerken | III | 1 | A | **1a** |
| **remplacer** | ersetzen | III | 4 | A | **1e** |
| **remplir** | füllen; ausfüllen | III | 5 | A | **3b** |
| **rencontrer qn** | jdn. treffen | II | 3 | A | **1a** |
| **rentrer** | heimkommen; heimgehen | II | 0 | | **1a** |
| **répondre à qn** | jdm. antworten | II | 3 | A | **2** |
| **réserver** | reservieren | III | 4 | A | **1a** |
| **respecter** | respektieren; beachten | III | 5 | A | **1a** |
| **rester** | bleiben | I | 3 | B | **1a** |
| **retourner** | umkehren; zurückkehren | II | 4 | A | **1a** |
| **retrouver qc/qn** | jdn. treffen | II | 2 | A | **1a** |
| **revenir** | zurückkommen | III | 3 | A | **5i** |
| **réviser** | lernen; wiederholen | II | 2 | A | **1a** |
| **rigoler** | Spaß haben; herumalbern | I | 6 | A | **1a** |
| **rouler** | fahren | III | 2 | A | **1a** |

## S

| | | | | | |
|---|---|---|---|---|---|
| **sauter** | springen | III | 2 | A | **1a** |
| **servir** | servieren | III | 4 | A | **3a** |
| **signer** | unterschreiben | III | 2 | A | **1a** |
| **sonner** | klingeln; läuten | I | 5 | C | **1a** |

| | | | | | |
|---|---|---|---|---|---|
| **sortir (de)** | ausgehen; hinausgehen (aus); hinausfahren (aus) | III | 3 | A | **3a** |
| **soupçonner** | verdächtigen | III | 5 | A | **1a** |
| **stresser** | nerven | III | 4 | A | **1a** |
| **surveiller qn/qc** | jdn./etw. überwachen | II | 5 | A | **1a** |

## T

| | | | | | |
|---|---|---|---|---|---|
| **taper** | tippen | II | 2 | A | **1a** |
| **téléphoner** | telefonieren | II | 3 | A | **1a** |
| **terminer** | beenden | III | 2 | A | **1a** |
| **tomber** | (hin)fallen | I | 3 | B | **1a** |
| **toucher** | berühren | III | 2 | A | **1a** |
| **tourner** | abbiegen; (sich) drehen | I | 6 | B | **1a** |
| **traîner** *(fam.)* | herumhängen *(ugs.)* | II | 3 | A | **1a** |
| **transporter** | transportieren | III | 5 | A | **1a** |
| **trouver** | finden | I | 5 | C | **1a** |

## V

| | | | | | |
|---|---|---|---|---|---|
| **vendre qc** | etw. verkaufen | II | 5 | A | **2** |
| **venir** | kommen | II | 2 | A | **5i** |
| **venir chercher** | abholen (kommen) | III | 3 | A | **5i** |
| **vérifier** | überprüfen; kontrollieren | III | 5 | A | **1a** |
| **Elle vient de s'acheter une voiture.** | Sie hat sich gerade ein Auto gekauft. | III | 3 | A | **5i** |
| **visiter** | besichtigen | I | 5 | A | **1a** |
| **voir** | sehen | III | 3 | A | **5p** |
| **il/elle voit** | er/sie sieht | III | 2 | A | **5p** |
| **Tu as vu les motos?** | Hast du die Motorräder gesehen? | III | 2 | A | **5p** |
| **vouloir** | wollen | II | 5 | A | **5g** |

# Lösungen

## Leçon 1

**1** Avec les amis, on **fait la fête** *(feiern)*. On **parle/discute** *(diskutieren)* ensemble et on **peut se faire confiance** *(sich vertrauen können)*. Parfois, on **se dispute** *(sich streiten)* ... Mais on **rigole** *(Spaß haben)* toujours! Et vous, les amis, **qu'est-ce que vous en pensez** *(was denkt ihr darüber)*?

**2**

| | |
|---|---|
| effacer | recevoir |
| ignorer | réagir |
| envoyer | discuter |
| parler | garder |

**3** a) Du hast nicht bemerkt, dass dein Freund sich verändert hat.
☒ Je n'ai rien remarqué. ☐ Il faut lui demander.
b) Dein Freund bekommt anonyme Beleidigungen ...
☒ Il faut trouver qui c'est! ☐ Aucune idée.
c) Zwei Jungen machen sich über einen Freund lustig.
☐ Ah bon? ☒ Qu'est-ce que vous avez contre lui?
d) Du fängst an, eine Situation zu verstehen.
☐ C'est du harcèlement. ☒ Je commence à comprendre.
e) Du sagst deinem Freund, dass er dir vertrauen kann.
☐ Tu as mal compris. ☒ Tu peux me faire confiance.

**4** a) Elsa envoie une carte postale à sa cousine.
b) Elles sont en colère contre Jean.
c) Mme Leclerc a de la chance: elle a gagné un voyage!
d) Où se trouve le lac Léman?

**5** 1) Ça ne te regarde pas.
2) Je n'ai pas effacé les sms anonymes.
3) Je n'ai pas encore fait mes devoirs.
4) Je ne peux plus ignorer les insultes.
5) Il n'est pas encore là.
6) Tu ne comprends rien.
7) Je ne veux plus aller au cinéma.

## Leçon 2

**1** a) La pilote **termine** première à l'arrivée.
b) Il **va chercher** son casque.
c) Ils **poussent** leur moto puis ils **montent** sur leur moto.
d) **Fais** attention! Il faut **freiner** quand tu vas trop vite.
e) Les jeunes **démarrent** sans problème.
f) Elle **touche** le sol avec le pied droit.

**2** a) J'ai terminé le parcours de moto.
b) Ils ont raconté leurs aventures.
c) Tu as essayé de pousser ta moto.
d) Il a eu mal au pied.
e) Elles ont même signé le poster!

**3**

| | **l'hôpital** | **la moto** |
|---|---|---|
| démarrer | ☐ | ☒ |
| passer une radio | ☒ | ☐ |
| rouler | ☐ | ☒ |
| s'occuper de | ☒ | ☐ |
| avoir mal à | ☒ | ☐ |
| sauter | ☐ | ☒ |
| prendre un rendez-vous | ☒ | ☐ |
| accélérer | ☐ | ☒ |

**4**

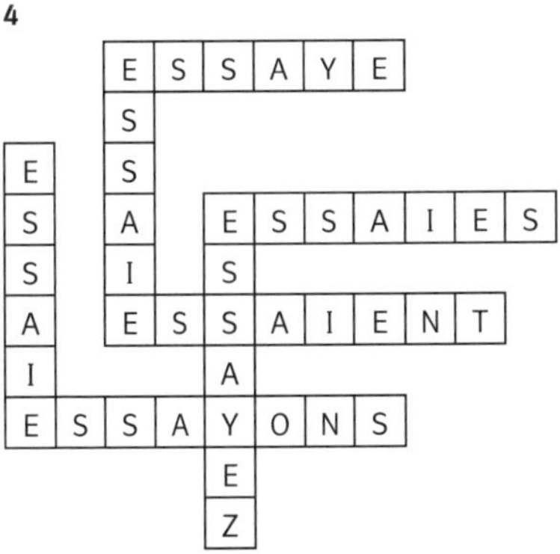

a) j'**essaie**
b) tu **essaies**
c) il/elle **essaie**
d) nous **essayons**
e) vous **essayez**
f) ils/elles **essaient**
g) participe passé: **essayé**

**5**

| | | | | | | | |
|---|---|---|---|---|---|---|---|
| L | A | L | R | Y | C | P | P |
| M | M | A | R | C | H | E | R |
| A | E | C | D | V | S | R | O |
| N | I | H | O | R | T | D | T |
| Q | D | E | V | O | I | R | E |
| U | C | R | I | L | A | E | G |
| E | N | L | E | V | E | R | E |
| R | N | S | A | V | O | I | R |

a) schützen: **protéger**
b) ausziehen; abnehmen: **enlever**
c) müssen: **devoir**
d) verlieren: **perdre**
e) loslassen: **lâcher**
f) gehen; laufen: **marcher**
g) verpassen; versäumen: **manquer**
h) wissen: **savoir**

## Leçon 3

| | | |
|---|---|---|
| **1** | rmordi | **dormir** (schlafen) |
| | viro | **voir** (sehen) |
| | trapicprie à | **participer à** (teilnehmen an) |
| | sore | **oser** (sich trauen) |
| | preparned | **apprendre** (lernen) |
| | vinerre | **revenir** (zurückkommen) |

**2**

| | |
|---|---|
| faire la bise | das Recht haben, etw. zu tun |
| passer qc à qn | Fan sein von |
| faire sa valise | jdm. etw. reichen |
| prendre le petit-déjeuner | mit Wangenkuss begrüßen |
| être fan de | seinen Koffer packen |
| avoir le droit de faire qc. | frühstücken |

**3** a) Ce soir, **j'aimerais dormir** tôt.
b) A Paris, **j'aimerais voir** la tour Eiffel.
c) J'**aimerais partir** en vacances à la mer.
d) J'**aimerais parler** plus souvent en français.

**4**

| | sortir | dormir | partir |
|---|---|---|---|
| je | **sors** | **dors** | **pars** |
| tu | sors | **dors** | **pars** |
| il/elle/on | **sort** | **dort** | **part** |
| nous | **sortons** | **dormons** | partons |
| vous | **sortez** | **dormez** | **partez** |
| ils/elles | **sortent** | dorment | **partent** |
| participe passé | sorti | **dormi** | **parti** |

**5** a) Quand est-ce qu'elle **part** en vacances cette année?
b) Chloé et Martin **sortent** ensemble! Ils sont amoureux.
c) Nous **sortons** souvent le dimanche pour faire des balades.
d) Ils **partent** en échange scolaire. Quelle chance!
e) Tu **sors** le sucre s'il te plaît?
f) A quelle heure est-ce que vous **partez** en Allemagne?

**6** *Lisa:* Ce week-end, je ne **suis** pas beaucoup restée à la maison. Avec mes copines, nous **sommes** allées au cinéma samedi après-midi. On **a** vu un film très bien. Et dimanche, mon cousin **est** venu à la maison. On **est** allés à la piscine. C'était super! Et toi, qu'est-ce que tu **as** fait ce week-end?

7

| | participe passé | avoir | être |
|---|---|---|---|
| dormir | dormi | x | |
| oser | **osé** | **x** | |
| sortir | **sorti** | | **x** |
| venir | **venu** | | **x** |
| voir | **vu** | **x** | |
| passer | **passé** | **x** | |
| apprendre | **appris** | **x** | |
| revenir | **revenu** | | **x** |

8 a) Les filles sont all**ées** au cinéma et Thomas est resté**X** à la maison.
b) Mes copains sont malades et ils ont dormi**X** toute la journée.
c) Ma copine est né**e** en Allemagne et elle est venu**e** en France à l'âge de 10 ans.
d) Pendant l'échange, elles ont vu**X** beaucoup de choses et elles ont enfin osé**X** parler français.

## Leçon 4

1 a) Ma mère a ouvert un restaurant à Avignon. → **ouvrir / öffnen; eröffnen**
b) J'ai remplacé le serveur malade. → **remplacer / ersetzen**
c) Le client a réglé l'addition. → **régler / regeln; klären**
d) J'ai pris une décision: je choisis la salade de tomate. → **prendre une décision / eine Entscheidung treffen**

2 a) Le client
**2** lire le menu
**3** commander un plat
**4** goûter son steak
**5** régler l'addition
**1** réserver une table

b) Le serveur
**3** écrire la commande
**2** placer les clients
**4** servir les plats
**5** débarrasser les tables
**1** ouvrir le restaurant

**3**

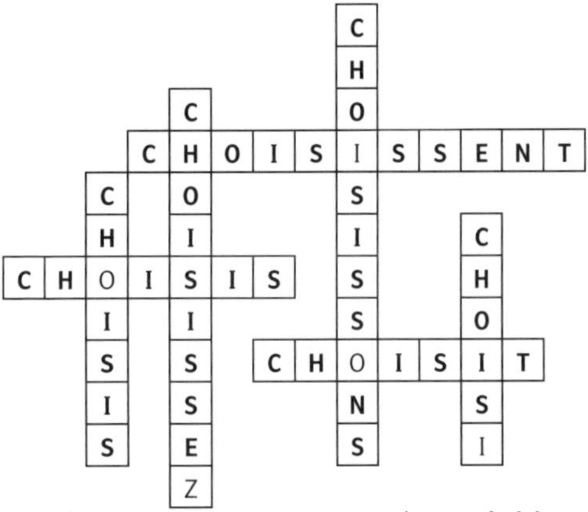

a) je **choisis**
b) tu **choisis**
c) il **choisit**
d) nous **choisissons**
e) vous **choisissez**
f) ils **choisissent**
g) participe passé: **choisi**

**4** a) Nous ouvr**ons** la porte à nos amis. *(ouvrir)*
b) Vos plats refroid**issent**, mangez-les vite! *(refroidir)*
c) Les serveurs serv**ent** les clients. *(servir)*
d) Vous fini**ssez** les cours à quelle heure? *(finir)*
e) Nous offr**ons** un beau cadeau à Malika pour son anniversaire. *(offrir)*
f) Vous ven**ez** de quelle ville? *(venir)*

**5**

| | **choisir** | **sortir** |
|---|---|---|
| ouvrir | ☐ | ☒ |
| refroidir | ☒ | ☐ |
| servir | ☐ | ☒ |
| finir | ☒ | ☐ |
| offrir | ☐ | ☒ |
| venir | ☐ | ☒ |

**6** a) Qu'est-ce que tu **lis** en ce moment?
b) Nous **lisons** le menu.
c) La serveuse **écrit** la commande des clients.
d) Je **lis** une annonce sur Internet.
e) Vous **écrivez** un e-mail à vos parents.
f) Elles **lisent** des magazines.
g) Ils **écrivent** une annonce parce qu'ils cherchent un serveur.

**7**

| | | | | | | | | | |
|---|---|---|---|---|---|---|---|---|---|
| a) | D | E | M | E | 9 N | 5 A | G | E | R |
| b) | R | E | G | L | E | 1 R | | | |
| c) | 3 S | T | R | E | S | S | E | R | |
| d) | A | J | O | 6 U | 4 T | E | R | | |
| e) | R | 2 E | M | P | L | 8 A | C | E | R |
| f) | R | E | S | E | 7 R | V | E | R | |
| g) | G | O | U | 10 T | E | R | | | |

a) umziehen
b) regeln; klären
c) nerven
d) hinzufügen
e) ersetzen
f) reservieren
g) probieren; kosten

**Lösungswort:**

| 1 | 2 | 3 | 4 | 5 | 6 | 7 | 8 | 9 | 10 |
|---|---|---|---|---|---|---|---|---|---|
| R | E | S | T | A | U | R | A | N | T |

## Leçon 5

**1**

| | |
|---|---|
| décharger | un vol |
| avoir confiance en | négocier |
| piquer | charger |
| un camion | soupçonner |
| faire une affaire | transporter |

**2** a) Il ne manque jamais de cartons dans les stocks.
b) Les employés s'occupent des commandes Internet.
c) Il a déchargé le camion ce matin.
d) Nous venons de nous marier.
e) Le patron a confiance en ses employés.
f) Les voleurs ont piqué la marchandise dans le pavillon de la volaille.
g) Il va bientôt faire les courses.

**3**

| | entendre | remplir |
|---|---|---|
| j' / je | **entends** | **remplis** |
| tu | **entends** | **remplis** |
| il / elle | **entend** | **remplit** |
| nous | **entendons** | **remplissons** |
| vous | **entendez** | **remplissez** |
| ils / elles | **entendent** | **remplissent** |
| participe passé | **entendu (avoir)** | **rempli (avoir)** |

**4**

| | | | | | | | | | | |
|---|---|---|---|---|---|---|---|---|---|---|
| S | C | M | E | N | T | E | N | D | R | E |
| P | A | R | E | S | P | E | C | T | E | R |
| N | E | G | O | C | I | E | R | A | M | V |
| V | D | L | I | O | Q | R | I | M | P | L |
| N | D | E | U | T | U | O | S | I | L | E |
| C | H | A | R | G | E | R | R | T | I | I |
| D | E | C | H | A | R | G | E | R | R | N |

a) verhandeln: **négocier**
b) einladen; beladen: **charger**
c) klauen: **piquer**
d) hören: **entendre**
e) füllen; ausfüllen: **remplir**
f) entladen: **décharger**
g) respektieren; beachten: **respecter**

5 a) Il va y avoir beaucoup de monde.
b) Je vais mal t'entendre, il va y avoir beaucoup de bruit.
c) Dimanche, elle va faire visiter Rungis à des groupes.
d) Le pavillon de la volaille va ouvrir très tôt le matin.

6 a) Vous avez rempli les cartons avec la marchandise.
b) Nous n'avons rien entendu!
c) Ils n'ont jamais travaillé la nuit.
d) Tu as pris ton petit-déjeuner à quelle heure?